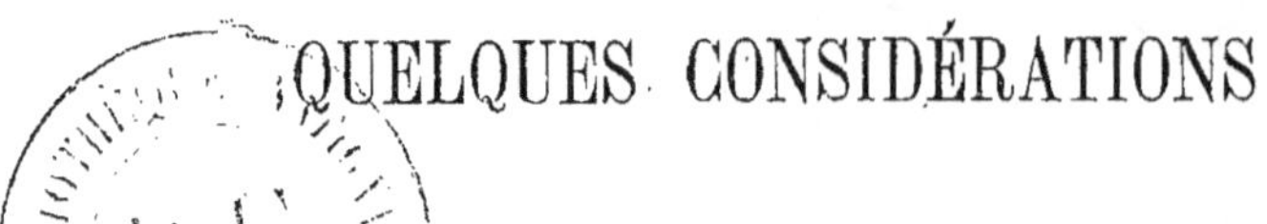

QUELQUES CONSIDÉRATIONS

SUR

LES FINANCES

DE LA FRANCE

PAR

Le Comte **LAD. K.**

MENTON

IMPRIMERIE J.-V. ARDOIN, LIBRAIRE ET PAPETIER

1, Rue du Castellar et rue St-Michel, 2

1871

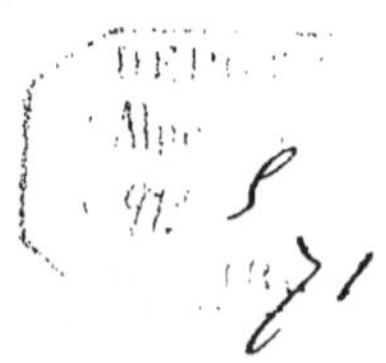

1

La guerre qui va se terminer par un traité de
paix aura pour conséquence de faire peser sur la
France des charges énormes, destinées à la rendre
impuissante pour un certain laps de temps.

Afin de bien comprendre l'importance de ce qui
va suivre, il faut se pénétrer de la conviction que
l'on a en face de soi un ennemi sérieux, qui ne fait
pas la guerre pour la gloire, mais bien pour at-
teindre un but tout positif. L'effort qu'il a préparé
de longue main a été immense ; les chances qu'il a
couru, terribles ; le bonheur constant qui l'a favorisé,
inouï.—Il veut exploiter à fond sa victoire, pour n'être
pas une seconde fois obligé à de pareils sacrifices,
ni exposé aux mêmes dangers, ni forcé d'invoquer
le retour d'une fortune hors ligne, sur laquelle il
n'ose plus compter.

En un mot, il veut se mettre au-dessus d'un

revirement du sort. Il sait que la France se préparera à une revanche; — il prévoit les combinaisons politiques qui doivent l'amener; — il sent d'instinct qu'une nouvelle campagne l'attend dans quelques années à l'est de son Empire; — il saisit parfaitement le rôle de la France à ce moment, et comprend le danger d'être pris entre deux feux. Mais, à ces probabilités de l'avenir, il oppose dès aujourd'hui un calcul profond, et n'oublie aucun facteur de sa politique. En effet, il élève déjà coalition contre coalition. Dans ce but, nous le voyons se rapprocher de l'Austro-Hongrie, et appuyer les tendances des deux races germanique et magyare, qui s'y donnent la main pour dominer l'élément slave. Il spécule sur la terreur que leur inspire la Russie, et les attire à lui par l'appas d'une protection toute puissante. Des voix éloquentes ont déjà dénoncé au monde l'alliance Austro-Prussienne qui est en voie de formation. Elle mettra à la disposition d'une politique aventureuse un million de soldats de plus, qui conduits par des chefs comme ceux que nous avons appris à connaître, auront mathématiquement raison de toute résistance.

Une seule chose pourrait rendre ce résultat incertain : — c'est que la France ne fût pas aussi épuisée, malgré la guerre et malgré la paix, que ne l'espèrent ses ennemis. Si elle pouvait encore figurer activement dans le concert Européen, la balance des forces que les Prussiens tâchent de faire pencher en leur faveur, se rétablirait à leur détriment.

Aussi veulent-ils annihiler la France par tous les moyens possibles : — par la terreur, qui hébète le peuple, — par la mutilation du territoire, qui laisse Paris à portée d'un coup de main, — par l'occupation d'une province, qui ouvre la porte à toutes les complications voulues, — par une indemnité enfin qui écrase! Ils auraient volontiers songé à un partage si la chose était possible aujourd'hui même. Mais la décomposition sociale n'est pas encore assez avancée, les partis assez forts contre leur mère commune, ni les autres voisins, habitués au respect de la France, assez osés pour porter la main sur elle. Les Prussiens se résignent donc à attendre, et abandonnent même le projet conçu primitivement de replacer sur le trône impérial un Bonaparte, qui, dans leur idée, devait jouer le rôle dévolu autrefois à un Poniatowski en Pologne.

Mais si de ce côté ils ne mettent pas d'obstacle à la paix, et cherchent même en un certain sens à lui faciliter les voies, ils ne renoncent nullement à la rendre la plus désastreuse possible! Outre une cession de territoire et les conséquences stratégiques et politiques qu'elle entraîne, dont nous n'avons pas à nous occuper ici, ils imposent une indemnité de guerre qui sera probablement de *plusieurs milliards*. Ne parvenant pas à tuer leur adversaire à coups de crosse et de fusil, ils lui font prendre un poison qui rongera ses entrailles et le jettera expirant à terre. A l'aide d'une charge aussi lourde, ils comptent bouleverser toute l'économie intérieure de ce pays, entraver son développement politique, et le retrouver, au bout de quelques années, alors qu'ils seront les maîtres du Nord, au point où ils l'auront laissé maintenant.

Il est du devoir de tout Français — et spécialement de ceux qui sont aujourd'hui aux affaires et qui devront se soumettre à la terrible nécessité d'accepter les conditions dictées par la Prusse — de déjouer ses calculs par une bonne politique et de bonnes finances.

II

Nous venons d'établir ce que signifie la contribution de guerre réclamée par le vainqueur. Elle veut dire pour lui désorganisation lente et ruine du crédit du vaincu. Il a raisonné en s'appuyant sur les données ordinaires, et elles lui ont fourni les conclusions qu'il présente à la France sous forme d'exigences. Il les pousse aussi loin qu'il lui est nécessaire pour être sûr de son fait et ne s'arrête qu'au point marqué par la certitude de son triomphe.

Il s'est dit : réclamons une rançon immense. Il est évident que la France ne pourra fournir qu'une somme minime en espèces d'or et d'argent — qu'une part relativement peu considérable en billets de banque, et que pour le reste elle devra avoir recours à un emprunt ou bien au papier-monnaie. Il n'y a pas moyen d'en agir autrement.

L'emprunt !..... C'est d'abord une charge indéfinie qu'assume la France. Depuis longtemps on y a abandonné le système d'amortissement, qui revient à un taux trop élevé, si on l'ajoute, comme dépense annuelle du budget, au *pour cent* servi, qui se maintient lui-même dans le rapport de cinq centimes par franc.

Dans le cas présent, ce rapport deviendra plus onéreux encore, à en juger par les récents arrangements conclus à Londres par le Gouvernement de la Défense Nationale. Il montera jusqu'à 6 p. cent, au taux d'émission; tel est déjà le cours de la rente, qui se maintient à 51 et 52. D'ailleurs, la France sera encore forcée de conclure des emprunts subséquents pour panser les plaies de la guerre! Bientôt elle sera amenée à avoir des finances dans le genre de celles que possèdent l'Espagne et l'Italie. Ses rentes baisseront sur toute la ligne, et de fait elle se trouvera payer 7, 8 et 10 p. cent. Ce ne sera pas le moment pour elle, en présence des crises qui se suivront, de rogner sur les services publics pour se débarrasser de ses obligations. Un pareil effort à long terme, soixante ou quatre-vingts années, ne convient pas à son tempérament nerveux; — elle empruntera tant qu'elle pourra, et finira par la banqueroute, par la « hideuse banqueroute. » — Voilà ce qui l'attend dans dix à quinze ans !

Le papier-monnaie présente peut-être moins d'inconvénients directs au point de vue de la richesse publique, ainsi que nous le constatons en Russie, où il représente douze fois la valeur d'or et d'argent qui lui sert de garantie. Il n'exige pas un débours annuel en pure perte ; ce qu'on dépenserait à son intention serait employé à le retirer de la circulation , et par conséquent à l'avantage du crédit de l'Etat. Mais, en revanche, il s'attaque aux sources mêmes de la richesse privée ; car il déprécie la valeur, la nature même du franc. Le franc en papier, de par la loi égal au franc en argent et en or, aurait pour premier résultat de faire disparaître celui-ci de la circulation. Le métal se porterait à l'étranger, où le franc en papier serait bien forcé de subir la dépréciation qu'il mérite. De cette façon, toute transaction, tout mouvement monétaire aboutirait au prélèvement d'une dîme au détriment de la France. Ce qu'elle perdrait ainsi de milliards ne peut être calculé d'avance, même approximativement. Ajoutons, pour achever ce sombre tableau , que le gouvernement qui a une fois essayé du papier-monnaie, quitte rarement cette voie avant qu'elle ne l'ait, par de nombreux détours, conduit au fond de l'abîme ! Ce moyen d'accroître ses ressources est trop facile et trop commode pour qu'il ne tente pas la bonne foi des gouvernements aussi bien que celle des particuliers. Il est donc éminemment dangereux.

Ainsi, quel que soit l'expédient financier auquel la France s'arrête, la Prusse pense y trouver son compte.

III

A l'instant où nous traçons ces lignes, nous recevons la dépêche de Bordeaux qui nous apporte les articles préliminaires du traité de paix.

Ils sont ce que nous avions prévu. La connaissance du but que se propose la Prusse nous les a fait pressentir exactement. — Qu'à leur tour, ils éclairent sur ce but les incrédules qui voudraient douter encore de la tendance extrême de cette politique.

L'indemnité se monte à cinq milliards de francs, un milliard payable dans le cours de 1871, le reste dans un espace de trois ans. — Cinq milliards!.... Voilà donc le chiffre auquel les Prussiens ont cru pouvoir s'arrêter : — en effet, il est accablant!

La France a trois années pour se libérer de ses obligations pécuniaires — mais ce n'est pas un répit; — le terme qui légalement est stipulé à son profit, de fait se trouve ici retourné contre elle. La Prusse

considérant la somme qu'elle ne prélève pas immé-
diatement comme un prêt qu'elle consent généreu-
sement, exige le 5 pour cent de ses avances! En
outre, la France devra jusqu'à complète extinction de
cette dette de cœur subir une occupation militaire,
et qui plus est fournir les moyens de cette occupation. Elle nourrira ses propres geôliers! En présence
de cette situation, il n'est personne qui ne comprenne
la suprême et absolue nécessité d'un réglement dé-
finitif et actuel de compte. Si, à ce prix, on peut faire
évacuer le territoire, il n'y a pas à hésiter entre un
grand sacrifice et un retard à son accomplissement,
retard peu héroïque et peu productif, puisqu'il équi-
vaut à un marché de dupe.

Mais les dangers que nous avons signalés à propos
du mode à employer pour effectuer le payement à
l'aide d'un emprunt ou du papier-monnaie, s'accrois-
sent encore de cette nécessité de tout solder sur
l'heure, en même temps que de l'immensité de la
somme !

Si des émissions successives, mais prévues avec
certitude, suffisent pour ébranler sérieusement le
crédit de la France, — que sera-ce si l'on jette en
une seule fois cinq milliards sur le marché public?

Nous croyons que jamais encore un cas pareil ne
s'est présenté dans les mêmes conditions, c'est-à-dire
à la suite d'une guerre malheureuse avec la perspective d'un avenir incertain et dix milliards de dette
antérieure.

La France est d'une forte constitution; mais le

coup porté par la Prusse est rude, et celle-ci sait ce qu'elle fait. Nous croyons pourtant qu'il est encore une issue à cette situation fatale; — qu'il est encore un moyen pouvant sauver le crédit de la France, et lui réserver sa liberté d'action pour le jour où elle en aura besoin. Mais ce moyen ne peut réussir que s'il est appliqué avec résolution, sur la plus large échelle et dans le plus bref délai.

IV

Nous avons examiné les raisons qui s'opposent à l'emprunt; — nous pouvons les résumer ainsi qu'il suit :

1° L'emprunt n'ayant d'autre garantie que le crédit, qui lui-même n'est qu'une expression de la confiance générale,

2° ne peut, dans les circonstances présentes, se négocier qu'à un taux très élevé, au moins 6 p. cent;

3° ce qui écarte toute idée d'amortissement, et par conséquent constitue pour la France une charge onéreuse au premier chef, et qui probablement n'aura d'autre terme que la banqueroute.

En un mot, l'emprunt pèche par sa base, par ses attributs constitutifs et par son résultat final — le tout inhérent à lui-même et constituant pour ainsi dire un seul enchaînement de conséquences.

Le papier-monnaie échappe à plusieurs d'entre celles-ci, — notamment à celles qui résultent de l'intérêt et du défaut d'amortissement. — En revanche, il présente un immense inconvénient, radicalement contraire à l'inconvénient de la rente, qui éprouve une déperdition à son contact avec le capital, car il amène à sa suite la dépréciation de la valeur monétaire elle-même.— Ce qui manque donc à l'emprunt, pour être employé avec avantage, c'est une garantie indépendante, un taux modéré et la certitude d'un remboursement.

Ce qui manque au papier-monnaie, c'est un cours fixe, équivalant à sa valeur légale.

Nous avons dit que par leurs défauts ces deux expédients occupent les pôles opposés. Ne pourrait-on pas les combiner de façon à ce qu'ils se neutralisent réciproquement, en produisant les avantages que nous cherchons ?

Il s'agirait d'émettre une monnaie-rente, faisant office de valeur monétaire et produisant des intérêts.

Il s'agirait en second lieu de lui donner une base solide, autre que le crédit public, mais tellement solide qu'elle soit en dehors de toute discussion, et qu'elle lui permette de se maintenir au cours nominal tout en réduisant l'intérêt à un taux minime et en laissant de la marge à un amortissement rapide.

Si nous parvenons à créer une telle valeur, non seulement nous n'aurons pas ébranlé les finances de la France, mais nous leur aurons encore donné un nouveau développement.

V

La monnaie-rente n'est pas une création absolument nouvelle et dénuée de tout précédent. Il y a déjà quelques années que le Crédit Agricole a utilisé ce système sous une forme qui a parfaitement réussi. Il suffit de le suivre dans cette voie, large et sûre. Chaque cent francs rapporterait un centime par jour. L'intérêt ne s'élèverait donc pas au-dessus de 3,65 centimes par coupures de cent francs. Ce chiffre, ou bien l'un de ses multiples exprimant le capital, figurerait sur le côté du billet; — au verso, il faudrait imprimer un calendrier avec le taux en regard de la date. De cette manière la monnaie-rente devient des plus maniables. Elle vaut mieux que les titres de l'emprunt, car elle n'a pas besoin, pour être réalisée, d'être négociée à la Bourse. Elle s'écoule comme le numéraire lui-même. Mais elle vaut mieux que lui aussi, puisqu'elle ne laisse pas dormir l'argent qu'elle représente. De toute façon elle s'attire la faveur du public, qui lui fera le meilleur accueil pourvu que la garantie sur laquelle repose sa valeur intrinsèque soit visible à tous les yeux et convaincante pour tous les esprits.

Or, il existe en dehors de l'or et de l'argent une valeur réelle, qui n'a pas été exploitée et dont l'appoint, dans ce moment, comme garantie spéciale, peut sauver le crédit de la France et lui procurer tous les avantages attachés à l'émission de la monnaie-rente.

Nous voulons parler du capital de l'impôt foncier.

On peut considérer l'impôt foncier comme une rente hypothéquée au profit de l'État sur les immeubles existants. C'est l'hypothèque la plus sûre, puisque rien, absolument rien, ne saurait la primer : car nous ne connaissons ni privilége ni créance qui dispense de l'impôt, tache originelle empreinte au front de toute propriété.

Cette quotité réservée sur les immeubles à l'État, nous pouvons la mobiliser à l'aide de la monnaie-rente.

Il faut à celle-ci une garantie aussi inébranlable pour qu'elle puisse circuler ferme et sans aucune dépréciation de son capital. Il la lui faut également pour que le public se contente du modique intérêt qui lui est dévolu.

182,500,000 francs suffiront ici, tandis que l'emprunt ne se ferait pas à moins de 300,000,000 à payer annuellement.

La France gagnerait la différence, soit 117,500,000 francs, qui se dépenseraient, dans le cas contraire, en pure perte.

Au lieu de grossir les profits du prêteur, ils pourraient être utilement employés à retirer de la circulation la monnaie-rente et à libérer le Trésor.

Si le Gouvernement affectait d'une façon stable, aux intérêts de la monnaie-rente, ainsi qu'à son amortissement, les 300 millions qui risquent d'être absorbés par les annuités d'un emprunt, nous parviendrions en peu de temps au résultat suivant :

Les cinq milliards de monnaie-rente décroîtraient rapidement — capital et intérêts. Ces derniers, en s'amoindrissant à chaque échéance, laisseraient d'autant s'accroître la part destinée au rachat des billets. En moins de vingt-sept ans, ceux-ci auraient disparu, et l'État recouvrerait la libre disposition de l'impôt foncier.

Cette perspective est magnifique et très réalisable dans la pratique.

Mais, quelque grand que paraisse l'avantage que nous venons d'exposer, il n'est pas le principal dans cette affaire. Ce qui importe à la France, ce n'est pas de s'organiser en vue d'un avenir relativement rappoché si l'on veut, mais d'être prête pour demain. Eh bien! c'est juste à ce point de vue qu'elle a le plus grand effet à attendre de la monnaie-rente, qui laisse intact son crédit, qui l'augmente même; car elle se présente à nous sous l'aspect d'une nouvelle richesse mobilière. que la France, en frappant la terre du pied, comme le héros Romain, aura fait jaillir du sol, au moment d'une crise suprême!

VI

Nous avons exposé les principes généraux sur lesquels repose la combinaison de la monnaie-rente. Pour plus de clarté et de précision, nous les ramenons aux points suivants :

1° Le capital représenté par cette valeur est parfaitement sûr; elle sera donc acceptée au pair par le public et par les caisses de l'État.

2° Le taux est inférieur à tout ce que nous connaissons en France.

3° L'amortissement est on ne peut plus facile, excessivement rapide et nullement onéreux pour le budget.

4° La monnaie-rente ne présente aucune difficulté dans l'emploi journalier; le public se rend parfaitement compte de son mécanisme.

5° Ce mécanisme ne prête pas à l'agiotage ni au jeu de bourse, puisque le montant du billet, quoique variable, est toujours fixé d'avance d'une façon invariable.

6° Loin de faire fléchir les cours des valeurs précédemment émises, la monnaie-rente les relève, en même temps qu'elle influe d'une façon générale sur l'abaissement du taux de l'intérêt.

7° Elle permet de payer la totalité de l'indemnité de guerre sans aucun retard, et supprime toute difficulté et toute nouvelle perte de temps résultant de la nécessité de s'entendre avec l'ennemi sur le taux auquel il voudrait accepter la rente qu'on lui livrerait.

8° Elle débarrasse ainsi la France d'une occupation préjudiciable au plus haut point à ses intérêts, et même à son existence.

Tant d'avantages accumulés, qu'on ne trouvera dans aucune autre combinaison financière, indiquent clairement au Gouvernement la décision qu'il doit prendre.

Qu'il ne recule pas devant la garantie spéciale que la monnaie-rente exige, par sentiment d'orgueil national déplacé. Une fausse honte de ce genre serait de l'ineptie, en même temps qu'une faute grave, car elle sacrifierait à de vaines apparences, une somme d'avantages qu'on ne retrouverait plus au même degré, le jour où on se déciderait enfin à ne pas arguer du mot pour repousser le remède!

Menton, 2 Mars 1871.

TABLEAU D'AMORTISSEMENT

DE 5,000,000,000 DE MONNAIE - RENTE EN CIRCULATION.

ANNÉE	MONNAIE - RENTE EN CIRCULATION	MONTANT DES ARRÉRAGES	MONTANT DE L'AMORTISSEMENT	MONNAIE - RENTE RETIRÉE DE LA CIRCULATION
1871	4,882,500,000	182,500,000	117,500,000	117,500,000
1872	4,760,711,250	178,211,250	121,788,750	239,288,750
1873	4,634,477,220	173,765,961	126.234,039	365,522,780
1874	4,503,635,639	169,158,418	130.844,582	496,364,361
1875	4,368,018,329	164,382,700	135,647,300	631,981,671
1876	4,227,450,998	159,432,669	140,567,331	772,549,002
1877	4,081,752,960	154,301,962	145,698,038	918,247,040
1878	3,930,736,943	148,983,983	151,016,017	1,069,263,057
1879	3,774,208,842	143,471,899	156,528,101	1,225,791,158
1880	3,611,967,465	137,756,623	162,241,377	1,388,032,535
1881	3,443,904,278	131,836,813	168,163,187	1,556,095,722
1882	3,269,603,134	125,698,856	174,301,144	1,730,396,866
1883	3,088,940,001	119,336,867	180,663,133	1,911,059,999
1884	2,904,682,664	112,742,663	187,257,337	2,098,317,336
1885	2,707,590,444	105,907,780	194,092,220	2,292,409,556
1886	2,506,413,860	98,823,416	201,176,584	2,493,586,140
1887	2,297,894,331	91,480,471	208,519,529	2,702,105,669
1888	2,091,763,839	83,869,508	216,130,492	2,918,236,161
1889	1,857,744,584	75,980,745	224,019,255	3,142,255,416
1890	1,625,548,626	67,804,042	232,195,958	3,374,451,374
1891	1,374,877,516	59,328,890	240,671,110	3,625,122,484
1892	1,125,421,911	50,544,395	249,455,605	3,874,578,089
1893	866,861,176	41,439,265	258,560,735	4,133,138,824
1894	598,862,974	32,001,798	267,998,202	4,401,137,026
1895	321,082,838	22,219,864	277,780,136	4,678,917,162
1896	33,163,727	12,080,889	287,919,111	4,966,836,273
1897	»	1,571,841	298,428,159	5,264,264,422

P. S. — Nos prévisions des dangers qui menacent les finances françaises ne sont pas isolées. — Il nous tombe, en effet, sous la main un numéro du *Times* (du 27 Février) qui évalue à 15 millions de livres, soit à 375 millions de francs, l'intérêt annuel de l'emprunt des cinq milliards, si la France se décide à le contracter. — Nous voilà d'emblée au 7 $\frac{1}{2}$ p. cent. Et c'est dans son premier-Londres que l'organe de la Cité, très inquiet des suites générales d'une hausse du prix de l'argent, très indigné contre la Prusse et très sympathique à la France, fixe ainsi le taux de notre crédit! Un autre journal, de moins haute volée, mais dont la publicité enregistrant les faits locaux nous permet d'y trouver par un heureux hasard la confirmation de notre thèse sur le genre de garantie à donner à la monnaie-rente, reproduit la déclaration suivante :

« Pour débarrasser au plus tôt la France de l'occupation prussienne, les soussignés offrent au Gouvernement le payement immédiat de deux mille francs qui leur seront escomptés sur leurs contributions à venir.

« Nice, le 3 Mars 1871.

« André Graglia, Notaire;

« Sajetto, Clerc de Mᵉ Graglia ; »

En y ajoutant ces mots : « Bon exemple à suivre. »

Cette proposition et la remarque qui l'accompagne tiennent de près à l'ordre d'idées que nous mettons en avant, et prouvent qu'elles s'acclimateraient facilement en France, puisque nous les y rencontrons à l'état de génération spontanée.

www.ingramcontent.com/pod-product-compliance
Lightning Source LLC
LaVergne TN
LVHW010127060726
842524LV00005B/1773